DE
L'ADMINISTRATION
DE
LA JUSTICE CRIMINELLE
à Amiens.

DE
L'ADMINISTRATION

DE LA

JUSTICE CRIMINELLE

ET DE LA POLICE

à Amiens,

PENDANT LE XVᵉ. SIÈCLE.

PAR M. H. DUSEVEL,

Avoué à la Cour royale d'Amiens, Membre du Comité des Chartres
près le Ministère de l'Instruction publique.

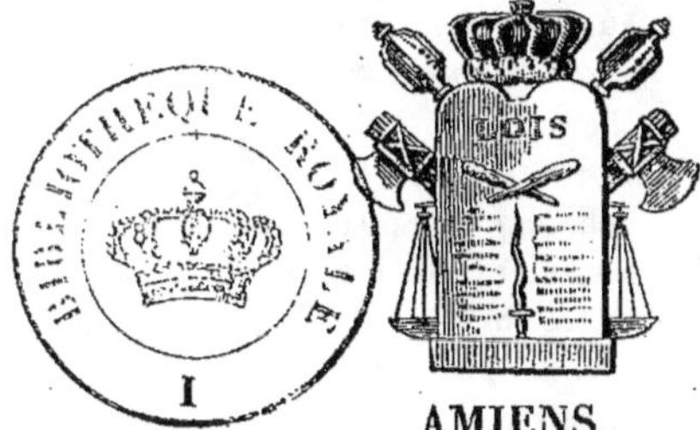

AMIENS,

IMPRIMERIE DE E. YVERT, 29, RUE DES TROIS-
CAILLOUX.

—

1839.

DE

L'ADMINISTRATION

DE LA

JUSTICE CRIMINELLE ET DE LA POLICE

A AMIENS,

PENDANT LE XVe. SIÈCLE.

L'administration de la justice criminelle et de la police, à Amiens, pendant le xve. siècle offre des mœurs étranges, des usages bizarres et dramatiques qui nous ont paru mériter d'être signalés au *Comité des sciences morales et politiques créé près le Ministère de l'instruction publique.*

A cette époque, en effet, l'uniformité de la législation n'existait pas en France, et chaque ville avait encore son *Code pénal* particulier. Les idées philantropiques qui, depuis, ont fait disparaître tout ce que les informations et les sentences criminelles pouvaient offrir de barbare, d'inhumain, n'étaient pas venues alors tempérer la rigueur des peines : on châtiait ordinairement les coupables selon le plus ou le moins de gravité que l'imagination de nos bons aïeux semblait attacher aux fautes des hommes, aux crimes, aux délits.

C'est donc dans le texte de ces sentences criminelles si naïves, si pittoresques des temps anciens qu'on peut étudier la marche de la civilisation en France, ses progrès successifs et la vie privée de la plupart des individus. Sous ce rapport, surtout, nos recherches ne paraîtront sans doute pas dénuées d'intérêt. Dans tous les cas, nous aurons au moins le mérite d'avoir le premier esquissé le tableau que nous voudrions pouvoir présenter un jour à nos compatriotes, de la *pénalité en Picardie*, pendant le cours du moyen-âge.

Si le vandalisme qui s'attache à tout, qui détruit tout, n'avait fait disparaître de l'hôtel-de-ville d'Amiens avec ces précieux *usages* dont a parlé Ducange (1) et qui viennent d'être retrouvés si heureusement par M. le comte Beugnot (2), tous les *registres criminels* antérieurs au XVe. siècle, que renfermaient ses archives (3), nous eussions commencé nos recherches à partir du XIIIe. siècle, temps où l'on croit que furent rédigés ces curieux *usages ;* nous eussions ainsi offert au *Comité des sciences morales*, l'historique complet de la *pénalité à Amiens*, depuis Saint-Louis jusqu'au règne de Charles VIII, sous lequel on s'occupa de la révision des pre-

---

(1) Voyez sa savante *Dissertation sur les guerres privées et le droit de guerre*, à la suite de l'*Histoire de saint Louis*, par Joinville, collection Petitot, tom. 3, p. 469.

(2) Dans un manuscrit, provenant du Duc de la Vallière.

(3) Plus heureuse qu'Amiens, la ville d'Abbeville paraît avoir conservé un *registre aux sentences criminelles* du commencement du XIVe. siècle, c'est au moins ce que nous a assuré M. Louandre fils.

mières coutumes; mais les documens nous manquent en
partie pour ce travail, nous sommes donc forcé de res-
treindre nos recherches à *l'administration de la justice
criminelle à Amiens, durant le XV⁰. siècle.*

Alors l'instruction des crimes et des délits avait lieu
dans cette ville de la manière suivante : Aussitôt qu'un
individu était dénoncé aux maieur et échevins d'Amiens
qui exerçaient la *haute, moyenne* et *basse-justice,*
comme s'étant rendu coupable d'un meurtre, d'un vol,
ou de toute autre méfait, on le conduisait au beffroi,
tour ancienne servant de prison. Là était une chambre
basse, peinte de lugubres couleurs et justement appelée
l'*Enfer,* dans laquelle commençait l'information. Trois
échevins choisis à tour de rôle, interrogeaient le prévenu. S'il avouait le fait qui avait motivé son incarcéra-
tion, on procédait immédiatement à son jugement. Dans
le cas où il niait ce fait, on l'appliquait à la *gehine* (1),
espèce de *question* tellement douloureuse que pour
s'en débarrasser le prévenu finissait presque toujours par
avouer une faute dont assez souvent il n'était pas coupable. Malheur toutefois à lui, si, détaché du banc
fatal sur lequel il avait tant souffert, il revenaitcontre son
aveu et protestait hautement de son innocence : le
maieur et les échevins d'Amiens, le croira-t-on? se
faisaient de cette rétractation une arme terrible, odieuse,
dont ils se servaient pour livrer au bourreau le mal-
heureux qui en espérait sa délivrance !

Au surplus, il est à remarquer qu'à Amiens, ce n'était
qu'après délibération que le prévenu était mis à la tor-

(1) *Comptes de la ville d'Amiens,* manuscrit sur vélin,
années 1409 et 1491.

ture, et quand des indices de culpabilité s'élevaient réellement contre lui : c'est ce qu'on voit par une sentence de l'échèvinage du 9 janvier 1492 qui, contrairement à un usage assez général de cette époque, est *motivée* et porte ainsi avec elle sa justification (1).

L'instruction terminée soit par l'aveu du coupable, soit par l'audition des témoins, à laquelle on n'avait recours que très-rarement, les échevins chargés de l'information se rendaient avec le maieur dans la *chambre peinte* de l'hôtel des *Cloquiers* (2), pour y délibérer sur le procès. Nulle part on ne voit que le prévenu fût alors admis à proposer sa défense devant ses juges, ni qu'un avocat la présentât ordinairement pour lui (3).

Une fois montés sur leurs siéges, espèces de bancs de chêne garnis de tapis verts aux armes de la ville, le maieur et les échevins vêtus de longues robes d'étoffe mi-partie de *rouge* et de *bleu*, prononçaient leur sentence, en graduant les peines selon l'importance que leur paraissaient offrir le crime, le délit ou la contravention à juger. Quelquefois ils admettaient des circonstances atténuantes, tirées de la jeunesse, de la pauvreté et des antécédents honorables de l'accusé; d'autrefois ils considéraient comme aggravant le fait d'avoir volé le *benoit vendredi*, ou *vendredi saint*, le

(1) Seizième registre aux délibérations, coté T.

(2) C'est ainsi qu'on appelait l'ancien hôtel-de-ville d'Amiéns.

(3) Aucune des nombreuses sentences que nous avons lues ne constate, en effet, que l'accusé ou son avocat aient été entendus avant leur prononciation.

dimanche, ou autre jour *de fête* ; et ils se fondaient sur ces diverses circonstances pour diminuer ou augmenter la peine, à leur gré. Si un individu condamné à être battu de verges, n'avait jamais été repris de justice, on se contentait de le fouetter sur *ses vêtemens* ; mais s'il était en état de récidive, il était battu de verges *tout nu*, et il perdait l'oreille.

Les peines les plus ordinairement infligées étaient : aux voleurs, la *mort* ; aux meurtriers, le *bannissement*, et à ceux qui s'ôtaient volontairement la vie, la *corde* ou la *potence*. Cette étrange distribution des peines mérite, selon nous, de fixer l'attention du comité : comment concevoir qu'on put ainsi condamner au dernier supplice pour simple vol, et se contenter de bannir celui qui avait donné la mort à son semblable, lorsqu'on suspendait au gibet le cadavre de l'infortuné qui, las de la vie, se suicidait ? — Il faut apparemment qu'alors le *vol* et le *suicide* (1) aient été regardés par les juges, comme des crimes beaucoup plus graves que le *meurtre* et l'*assassinat*.

(1) Il était ridicule, barbare, de combattre contre des ombres, de citer en justice un homme mort, de lui faire son procès et de le punir, lorsqu'il ne pouvait se défendre ; mais d'un autre côté on voulait effrayer le peuple, et empêcher, comme disent les anciens auteurs, l'homme dégoûté de la vie, de *perdre à la fois son corps et son ame*, en se donnant volontairement la mort. Le soin pris à cet égard, allait si loin à Amiens, que l'on plaçait communément des gardes à la porte de l'individu soupçonné de vouloir se suicider, afin qu'il ne pût attenter à ses jours. (Voir les *anciens comptes de la ville*.)

Il n'y avait qu'un cas où ce dernier crime était puni, outre le bannissement, de *l'abat de la maison* du coupable, c'était quand il avait été commis de complicité et en violant le domicile d'un habitant. Alors, le maïeur et les échevins en ordonnant que les accusés seraient bannis à *toujours* et sur la *hart* de la ville et banlieue, ajoutaient que leurs *maisons seraient abattues*, ce qui s'exécutait presqu'aussitôt en leur présence et au signal donné par le maïeur.

Ces peines n'avaient pas, au reste, la même barbarie que les supplices infligés communément aux femmes surprises volant dans les églises, aux faux monnoieurs et aux hommes coupables de *l'orrible péchié contre nature*. On enfouissait *toutes vives* (1) les malheureuses convaincues d'avoir commis le moindre larcin dans un temple chrétien ; les faux monnoieurs n'étaient pas mieux traités : on les plongeait dans une chaudière d'eau bouillante (2) et ceux qui avaient commis le crime indiqué plus haut étaient brûlés publiquement, ainsi que l'objet de leur brutale passion (3).

L'adultère, le concubinage et la prostitution avaient des peines particulières : celui qu'on trouvait couché avec une autre femme que la sienne était conduit par deux sergens à la Cathédrale, où il présentait un cierge d'une livre de cire au *chief Monsr Sct.-Jehan-Bap-*

(1) *Comptes de la ville*, 1442 à 1443, cotés 32, Y 3.

(2) *Dix-huitième registre aux délibérations*, coté T.

(3) *Registre aux chartes de la ville*, coté C, fol. 240 à 241.

tiste, (1) *pour réparation du péchié d'adultère ,* disent fort naïvement nos registres. Le maître surpris dans le lit de sa servante, perdait sa barbe (2), et la mère qui prostituait ses filles, avait les cheveux brûlés au pilori (3). Les femmes publiques qui osaient paraître hors des rues où les gardait le bourreau de la ville (4), n'en étaient pas quittes à si bon marché : on les condamnait à une amende de cent *solz*, et si elles étaient trouvées chez les gens d'église ou mariés, on les flétrissait au visage avec un fer chaud, d'une marque forte indécente (5).

Les ivrognes et les fous ne se livraient pas impunément, alors, aux excès dans lesquels la boisson et la démence entraînent presque toujours. On enchaînait à la porte de la Hautoye les disciples de Bacchus convain-

(1) *Douzième registre aux délibérations ,* T.—Saint Jean ayant reproché à Hérode son adultère, il était tout naturel que ce fût à son *chef* que les bourgeois d'Amiens, prévenus d'avoir eu un commerce adultérin, allassent porter un cierge.

(2) Au commencement du XVIe. siècle, un président de l'élection d'Amiens ayant été trouvé couché avec sa servante qui venait de se marier, eut également la barbe coupée.

(3) *Douzième registre aux délibérations ,* T.

(4) Il percevait pour cette garde, sur chaque fille de joie quatre deniers par semaine. — *Huitième registre aux délibérations,* coté T.

(5) *Quatorzième registre aux délibérations* de l'échevinage, T.

cus d'avoir fait de trop copieuses libations, (1) et l'on
battait de verges et chassait de la ville ceux qui avaient
eu le malheur de perdre la raison (2). Il serait encore
intéressant d'examiner pourquoi les juges d'Amiens in-
fligeaient cette sorte d'exil à de pauvres insensés ? Mieux
eût valu, ce nous semble, les faire garder aux frais de
la ville dans un lieu convenable, que de les abandon-
ner ainsi au milieu des champs (3). Cette mesure im-
prudente compromettait la sûreté publique, la libre
circulation dans les environs d'Amiens. Souvent, en
effet, ces insensés se ruaient avec fureur sur les passans, et il en résultait des mêlées affreuses dans les-
quelles la vie des uns et des autres courait les plus
grands dangers.

Nous avons trouvé aussi plusieurs documens relatifs
aux peines que l'on appliquait dans le XVe. siècle à la
calomnie et à la *diffamation*. Ce n'était pas sans péril
qu'à cette époque on parlait mal des habitans d'Amiens
ou de leurs femmes, et qu'on se permettait de les appeler *Anglais* (4). Dans ces divers cas, le coupable était
condamné à une réparation bien humiliante : il venait à

(1) *Comptes de la ville*, 1494 à 1495, cotés 71, 73.

(2) Id., 1444 à 1445, cotés 33; et de 1453 à 1454, cotés
39.

(3) On prit ce parti dans le XVIe. siècle : les fous furent
placés dans une vaste salle tenant à la porte de Paris, et
confiés aux soins d'une femme à qui la ville payait quatre
sous par jour.

(4) *Huitième registre aux délibérations* de l'échevinage
d'Amiens, coté T.

l'hôtel-de-ville le *chief nu*, *sans chainture et chaperon*, *crier merchy* à genoux, devant ceux qu'il avait offensés; après quoi on le bannissait souvent de la ville et banlieue d'Amiens (1). Les prédicateurs qui se permettaient en chaire quelqu'injure contre l'honneur du sexe, étaient tenus de se rétracter publiquement dans un sermon; seulement à raison de leur caractère, le bannissement était limité; il ne durait que trois ou quatre ans (2).

Si un sergent à masse ou tous autres officiers de la ville s'ingéraient de renier Dieu, on les forçait également à *crier merci* en justice, et on les privait de leurs offices, avec défenses expresses de porter la robe aux couleurs de la ville d'Amiens (3).

Les simples particuliers coupables du même fait, étaient mis à l'attache devant l'église Saint-Martin-au-Bourg, et avaient la barbe coupée *tout jus* par un barbier à qui la ville payait deux sols pour cette opération (4). Cette dépense était évitée quand c'étaient des femmes qui blasphémaient; n'ayant pas de barbe à perdre, elles étaient chassées de la ville (5), après avoir été mises à l'attache comme les hommes.

Il est bon de faire remarquer ici que le bannissement était toujours prononcé contre les hommes *sur*

(1) *Seizième* id.

(2) *Dix-septième* id.

(3) *Dix-septième registre aux délibérations*, T.

(4) *Comptes de la ville*, de 1479 à 1480, cotés 56, Y 3.

(5) Idem, de 1477 à 1478, cotés 55, Y 3.

peine de la hart , (1) c'est à dire de la potence, et contre les femmes sous peine *du feu* (2). On doit croire d'après cela, que comme l'ont écrit plusieurs auteurs, le supplice de la corde n'était pas en usage pour les femmes au XVe siècle ; on préférait brûler ou enterrer vives celles qui s'étaient rendues coupables de quelque mauvaise action. *L'enfouissement vif* n'était pas d'ailleurs la peine exclusivement réservée aux femmes : on l'infligeait même aux bêtes. Ainsi deux pourceaux d'un appétit assez glouton pour dévorer un jeune enfant du faubourg Saint-Pierre, dans son berceau, furent enterrés par le bourreau de la ville, en 1462. (3).

L'exécution des sentences criminelles suivait ordinairement de près leur prononciation, et avait toujours lieu avec une solennité imposante. Dès le point du jour la grosse cloche du beffroi faisait retentir l'air de ses sons effrayans ; (4) le maïeur montait sur son palefroy

(1) *Premier et onzième registres aux délibérations* de l'échevinage , cotés T.

(2) *Douzième et dix-septième* id.

(3) A maistre Pierre Phelippart, sergent de la haulte justice de la ville d'Amiens, paié seize sous pour son salaire , d'avoir *enfouy en terre* deux pourceaux qui avaient *desquiré et rongnyé à leurs dens* ung petit enfant de la paroisse Saint-Pierre ès-faubours , dont depuis il estait allé de vie à trespas, etc. *Comptes de la ville* , de 1462 à 1463, cotés 46 , Y 3.

(4) On voit par les registres aux comptes et aux délibérations que les sentences étaient exécutées au *bondissement* de la grant clocque du Beffroi.

et suivi des échevins, du Prevôt de l'avocat (1), des
conseillers et archers de la ville, s'acheminait en toute
hâte vers le lieu du supplice. Arrivé à la *Justice de la
ville*, espèce de tour à *six piliers* (2) située à quelques
pas de la chapelle *St.-Montan*, le cortège y trouvait le
bourreau revêtu de son habit *vert* et *rouge* (3), le pa-
tient et deux Augustins qui l'*admonestoient* et confes-
saient en présence de cinq à six mille curieux (4) qui
assistaient ordinairement à ces drames sanglants. Au
signal convenu, le condamné était saisi brusquement au
corps, dépouillé de ses vêtemens et livré à la mort. La
foule ne quittait ce lieu funeste qu'après avoir vu dévorer par les flammes le coupable condamné au feu,
combler de terre la fosse qui lui servait de tombeau, s'il
devait être enfoui vivant, ou enfin, ses yeux fermés pour
jamais à la lumière, s'il avait mérité la corde.

Il ne paraît pas, au reste, que cet affligeant spectacle
causât aux juges des émotions plus vives, plus doulou-
reuses qu'à la populace stupide qui prenait plaisir à
y assister ordinairement. Une fois rentrés dans la ville,

(1) Une délibération de l'échevinage du 8 février 1435,
nous apprend que le maire et les échevins d'Amiens avaient
pris un avocat, parce qu'ils étaient *simples gens aus con-
sultations et affaires* d'icelle ville. *Premier registre*, T.

(2) Ce nombre de piliers indiquait que les maïeur et
échevins d'Amiens administraient souverainement la justice
criminelle dans toute l'étendue de la ville et de sa banlieue.

(3) *Comptes de la ville*, 1493 à 1494, cotés 70, Y 3.

(4) *Registre aux chartres*, coté C, fol. 241.

en effet, le maïeur, les échevins, les conscillers et les autres officiers s'empressaient de se faire servir à manger dans l'hôtel-de-ville ou dans la première taverne qui leur convenait (1). Les confesseurs recevaient de leur côté un pot de vin *vermeil* pour la peine qu'ils avaient prise d'assister le condamné à ses derniers moments (2); les archers et sergens obtenaient aussi leur *pour boire* (3), et le bourreau avait, outre son salaire, *une paire de gants,* pour cacher ses mains sanglantes (4). On lui payait sept sols pour les cordes employées au supplice du coupable; mais on considérait ce paiement comme un don, car les cordiers d'Amiens avaient coutume de fournir gratuitement à l'exécuteur de la haute justice, *toutes les cordes nécessaires pour loyer, pendre et étrangler les larrons* (5) et autres malfaiteurs, et à cause de cet usage ils réclamèrent plusieurs fois l'exemption des droits d'aide de la ville, exemption qu'on ne leur accorda jamais.

Les fautes moins graves que celles dont nous venons de parler, mais qui constitueraient cependant de nos jours des délits passibles de peines correctionnelles, se

(1) *Comptes de la ville,* 1442 à 1443, cotés 532, Y 3.

(2) Id., 1437 à 1438, cotés 30, Y 3.

(3) Id., 1442 à 1443, cotés 32, Y 3.

(4) Mêmes comptes, 1457 à 1458, cotés 42, et de 1467 à 1468, cotés 48, Y 3.

(5) *Neuvième registre aux délibérations,* coté T.

rachetaient au XVe. siècle par de simples amendes. On payait, pour frapper quelqu'un d'un *braquemart*, VI livres (1), d'un bâton, LX s. (2), d'un coup de poing au visage, XX s. (3), et pour abattre par terre, LX s. (4). Le voisin qui, en disputant avec sa voisine, la jetait dans la rivière, en était quitte pour une somme égale (5); il en coûtait autant à la fille de joie qui traînait sa compagne par les cheveux (6). La femme qui battait un jeune page, payait XX s. (7), et celle qui mettait la main sur un prêtre était condamnée à une pareille amende (8).

Des contraventions bien légères et qui, sans doute, ne paraîtraient plus maintenant dignes d'être déférées à la justice, donnaient lieu, alors, à des amendes souvent plus importantes que celles qui étaient fixées pour les coups et blessures. On trouve, à cet égard, des détails infiniment curieux dans les registres en question : on y voit les peines infligées aux ouvriers qui fabriquaient de mauvaises étoffes, aux marchands qui vendaient des marchandises défectueuses, et aux pâtissiers qui donnaient à manger des viandes malsaines aux passans. Si par hasard un tisserand tissait mal un drap, il encou-

(1) *Comptes de la ville d'Amiens*, de 1430 à 1431, cotés 25.

(2) Id., de 1467 à 1468, cotés 48.

(3) Id., de 1455 à 1456, cotés 40.

(4) Id., de 1424 à 1425, cotés 20.

(5) Id., de 1433 à 1434, cotés 28.

(6) Id., de 1472 à 1473, cotés 51.

(7) Id., de 1476 à 1477, cotés 51.

(8) Id., de 1474 à 1475, cotés 53.

3

rait pour cette faute une amende de 32 s. (1). Pour
vendre un pourpoint rempli d'étoupes, on était condamné à payer 20 s. (2). Le pâtissier qui présentait aux
étrangers une épaule de mouton *puante et non digne de
mengier*, en avait de son côté pour 60 s. (3), somme
représentant trois fois au moins la valeur de l'objet par
lui vendu.

Lorsque les fabricants ou marchands qu'on mettait à
l'amende, avaient coutume de faire ou vendre de mauvaises étoffes, on ne se contentait pas de cette condam-
nation : on ordonnait, en même temps, que les objets
saisis chez eux seraient brûlés autour du *pilori* (4), et
quelquefois devant la porte de leurs maisons (5).
Cette espèce d'auto-da-fé les couvrait de honte et leur
faisait souvent perdre pour toujours la confiance du
public.

Mais ce qui doit surprendre dans l'application des
amendes, c'est de voir une foule de faits, aujour-
d'hui sans importance, être punis assez sévèrement.
Ainsi, un tapissier est condamné à payer 12 s. à la ville
comme ayant chez lui des couvertures plus larges que
de coutume ; une femme est mise également à l'a-

(1) *Comptes de la ville d'Amiens*, de 1459 à 1460, cotés 43.

(2) Id.   idem.

(3) Id, de 1476 à 1477, cotés 54.

(4) *Neuvième registre aux délibérations*, T.

(5) ... Prestement après que M<rs>, furent partis de l'esche-
vinage, ledit pourpoint fu ars en la rue par le bourel devant la maison de Guillaume Chiffart. *Cinquième registre
aux délibérations*, T.

mende de v s. pour avoir acheté six fromages un vendredi (1). Un barbier est obligé de payer III s. comme
ayant *ouvré de son métier aux estuves* ou bains (2). Enfin
on condamne un boulanger à une plus forte amende
pour avoir fait cuire des *fouaches* , espèces de gâteaux
qu'on servait dans les repas.

On ne pouvait, sans encourir aussi l'amende, vendre
ou acheter ailleurs que sur le marché d'Amiens, avant
et après les heures fixées par le maieur et les échevins
de cette ville. L'individu trouvé vendant des canards au
milieu des rues, payait 60 s. d'amende (3). Le *chausse-
tier* qui ouvrait sa boutique le *samedi* et exposait en
vente sa marchandise, ce jour là , dans sa maison, était
condamné à 20 s. d'amende pour cette contravention. (4)
On en usait de même à l'égard des bourgeois qui ache-
taient des œufs, des pommes ou du fromage hors du
marché ou avant son ouverture, qui avait lieu ordinairement à onze heures du matin (5), ils subissaient cha-
cun une amende de 5 sols.

Heureusement , le maieur et les échevins d'Amiens
s'étaient arrogé en partie le droit de faire grâce. Sur

(1) *Comptes de la ville,* de 1489 à 1490, cotés 66.

(2) Id. , de 1451 à 1452, cotés 38.

(3) Id. , de 1432 à 1433, cotés 26.

(4) Id., de 1426 à 1427 , cotés 22.

(5) DeMaroye, femme Tassart , laquelle amenda de 5 s.
pour ce qu'elle avait aujourd'huy *devant heure* acaté œufs ou
marquié en alant contre les édits de le ville. — *Comptes de
la ville d'Amiens*, de 1424 à 1425 , cotés 20.

la requête que leur présentaient les condamnés, il arrivait souvent qu'ils remettaient ou modéraient les peines et amendes. Nous en avons trouvé plusieurs exemples parmi lesquels nous ne citerons que les suivants : Une femme avait été condamnée pour vol. Ce crime entraînait la mort, mais le maïeur et les échevins commuèrent cette peine en un *Pélérinage à faire à N.-D. de Boulogne* (1). Un bourgeois d'Amiens ayant été condamné au banissement à *toujours*, fut rappelé dans cette ville, au bout de trois ans, par les mêmes magistrats. Pour accorder ces grâces, ils se fondaient ordinairement sur des motifs que les juges actuels trouveraient sans doute bien peu concluans : tantôt ils avouent avec une bonhomie digne des temps anciens, qu'ils se sont décidés à remettre ou à modérer la peine à la *recommandation* de quelque grand seigneur. Une autre fois ils déclarent qu'ils ont été portés à se montrer cléments à raison de l'âge avancé ou de la *jeunesse des condamnés* (2). Enfin, les diminutions d'amende sont presque toujours fondées sur le *futur mariage* du contrevenant, la *bonne conduite*, l'*habileté*, l'*ignorance* et les *besoins* de ceux qu'ils ont condamnés (3). On voit même qu'un procureur en la cour spirituelle d'Amiens fut exempté d'une amende de 20 sous par lui encourue, « *En considération des plaisirs qu'il fit à la ville, à l'entrée du roy, en jeux de mistères et autres joyeusetez* (4).

---

(1) 18ᵉ. *registre aux délibérations* de l'échevinage, coté T.
(2) 16ᵉ. idem.
(3) 1ᵉʳ. idem.
(4) 10ᵉ. idem.

Comme on le remarquera, à cette époque on attachait déjà quelque prix aux talens, et l'on savait se montrer indulgent envers l'homme qui en était doué.

Si l'individu condamné à l'amende ne payait pas il était constitué prisonnier au Beffroi, mais pour conserver sa liberté, il pouvait fournir caution. S'il manquait d'argent ou s'il ne trouvait personne pour le cautionner, sa femme avait le droit de se rendre elle-même sa caution, en déposant à l'hôtel-de-ville sa *ceinture dorée, ses bagues et ses bijoux* : ces divers objets ne lui étaient remis ensuite, qu'en présence de ses parens et amis (1).

Lorsqu'un malfaiteur qui avait encouru l'amende de 60 livres pour n'être pas comparu en justice au jour fixé, voulait éviter d'être appréhendé au corps et conduit en prison au Beffroi, où on le retenait jusqu'à ce qu'il eût payé l'amende, il commençait par se réfugier dans l'une des églises d'Amiens, qui jouissaient du droit de *franchise* ou d'*asile ;* puis, il faisait venir deux *auditeurs* ou *notaires,* et donnait pouvoir à un de ses semblables d'appeler *sur l'heure* de la sentence du maieur et des échevins. Pour rémédier à cet abus, le corps de ville obtint du bailli d'Amiens l'autorisation de faire *arréter* et *emprisonner* les fondés de pouvoir qui oseraient ainsi interjeter appel à *leur face* (2), sans de justes motifs.

Cette mesure, quoiqu'un peu arbitraire, fut fort

(1) 16ᶜ. *registre aux délibérations* de l'échevinage.
(2) 8ᶜ. idem.

goûtée ; car le fol appel de pareils êtres, ne laissait pas que d'entraver le cours de la justice. Pour faire régler cet appel, les officiers de ville étaient par fois obligés de se rendre à Paris, où ils n'obtenaient une prompte décision qu'en offrant au chancelier et aux conseillers du parlement des présens assez étranges, tels que des *chapeaux de roses*, des *fromages du Marquenterre*, des *saumons* et des *harens salés* (1).

Nous bornerons nos recherches à ces courtes indications. Si le comité des sciences morales et politiques accueille cette rapide esquisse de l'*Administration de la Justice criminelle et de la police à Amiens, pendant le XVe. siècle*, avec la bienveillance qu'il n'a cessé de nous témoigner, nous nous ferons un devoir d'adresser incessamment aux savans qui le composent, un travail plus étendu, plus complet, sur l'*exercice de la Justice civile et les usages du barreau* dans cette ville, à la même époque. En attendant, nous nous estimerons heureux si ce premier travail semble offrir quelqu'intérêt et s'il peut jeter un nouveau jour sur des coutumes peu connues ou oubliées.

(1) *Comptes de la ville*, de 1405 à 1406, cotés 15 ; — de 1426 à 1427, cotés 79. — 3e *Registre aux délibérations.*